Claudio Magris

Verstehen Sie mich bitte recht

Aus dem Italienischen
von Ragni Maria Gschwend

Carl Hanser Verlag

Die italienische Originalausgabe erschien 2006
unter dem Titel *Lei dunque capirà*
bei Garzanti in Mailand.

1 2 3 4 5 13 12 11 10 09

ISBN 978-3-446-23491-8

Satz: Satz für Satz. Barbara Reischmann, Leutkirch
Druck und Bindung: Friedrich Pustet, Regensburg
Printed in Germany

Verstehen Sie mich bitte recht

Würden Sie es anderen Menschen erlauben, in Ihren privaten Sachen zu schnüffeln? Was aber, wenn diese anderen Menschen den Staat oder die Wirtschaft repräsentieren? Ist Ihnen die totale Überwachung dann egal? Bevor es so weit kommt, schlagen Juli Zeh und Ilja Trojanow mit einer engagierten Kampfschrift Alarm. Ihr Buch wird viele Menschen aufrütteln, die sich in Sicherheit wiegten.

Ca. 176 Seiten
Klappenbroschur
Ca. € 14,90 [D]
sFr 26,90
€ 15,40 [A]
ISBN 978-3-446-23418-5

www.ilija-trojanow.de

Sachbuch

Ein Bericht aus dem Inneren der deutschen Politik, der erklärt, wie Angela Merkel ihre Macht organisiert. »Kurbjuweit ist ein herausragender Beobachter. Er beschreibt beides in seinen Wechselwirkungen: Das System und die Spiele des Politischen ebenso wie die Irrungen, Wirrungen und das Eiserne im Kern der Angela Merkel.«
Der Tagesspiegel

160 Seiten
Gebunden
€ 16,90 [D]
sFr 29,90
€ 17,40 [A]
ISBN 978-3-446-20743-1

Carl Hanser Verlag, Vilshofener Straße 10, 81679 München. www.hanser-literaturverlage.de. Alle Bücher gibt es in Ihrer Buchhandlung. Stand: Juni 2009. Preisänderungen und Irrtümer vorbehalten. Die Euro-Preise für Österreich [A] sind auf Empfehlung des österreichischen Importeurs festgesetzt, die Schweizer Preise (sFr) sind eine unverbindliche Preisempfehlung. Umschlagbild: © Toni Anzenberger/www.anzenbergergallery.com

HANSER
2009

Für Francesco und Paolo

Nein, Herr Präsident, ich bin nicht fortgegangen, wie Sie sehen, bin ich immer noch hier. Trotzdem vielen Dank für diese Sondergenehmigung, wirklich etwas ganz Außergewöhnliches, das ist mir klar, und denken Sie bitte nicht, ich sei Ihnen dafür nicht dankbar. Auch er war ganz aufgeregt, nie hätte er geglaubt, dass er sie tatsächlich bekäme, als er darum gebeten hatte, die Erlaubnis, das Heim betreten zu dürfen, um mich abzuholen. Bestimmt fürchtete er, Ihnen nicht genug dafür gedankt zu haben, denn irgend jemand – in diesem Dämmerlicht konnte ich nicht genau erkennen, wer; hier drinnen sieht man sowieso wenig, ein Schatten gleitet vorbei, ehe man sein Gesicht erkennen kann, ganz abgesehen davon, dass alle ähnlich aussehen, wir ähneln uns, ist doch logisch, in einem Heim wie diesem –, also irgend jemand hat geglaubt, er hätte im letzten Moment umkehren wollen, um Ihnen noch einmal für Ihre Bewilligung zu danken, und dass es deswegen … Doch wenn es schließlich so gegangen ist, wie es nun mal gegangen ist, dann hat niemand schuld daran – das heißt, die Schuld liegt bei mir, jedenfalls spielt es keine Rolle, was einer hier drinnen tut. Zumindest meinen das die, die dort draußen leben, für die wir überhaupt nicht mehr zählen.

Für ihn jedoch habe ich gezählt und zähle noch immer, und wie, wenn er sich die Mühe gemacht hat, bis hier herunterzukommen, und nicht, wie andere, gleich kapituliert hat vor den strengen Regeln dieses Heims, die es den Insassen verbieten – in ihrem, also in unserem Interesse –, Besuche zu empfangen und unseren eigenen Frieden, unsere Ruhe aufs Spiel zu setzen, und dann womöglich auch noch fortzugehen, das fehlte gerade noch, hinaus in dieses höllische Durcheinander, sich in diesem Chaos aus Verkehr und rüpelhaften Menschen und Schlimmerem herumzutreiben, ganz zu schweigen von dem scheußlichen Wetter, vor dem wir hier wenigstens geschützt sind. Aber er liebt mich wirklich, ist verliebt wie am ersten Tag; er war regelrecht vernarrt in mich und konnte ohne mich nicht sein, nachdem sich mein Gesundheitszustand schlagartig so verschlechtert hatte, dass ich mich ins Heim einweisen lassen musste – eine schöne, bequeme, gut ausgestattete Bleibe, da gibt es nichts zu sagen –, und er weinte und jammerte und ließ sich gehen, rasierte sich nicht mehr und wechselte nicht einmal mehr seine Unterwäsche. Sobald er einen Freund traf, verwickelte er ihn in ein Gespräch über sein Unglück und seine Einsamkeit; es genügte ihm nicht, mich in der Nähe zu wissen und gut versorgt, besser dort als daheim oder im Krankenhaus, sagte er immer wieder, das ist klar, aber wie soll ich allein zurechtkommen? Ich gehe durch die leeren Räume, als ob sie einem anderen, einem Fremden gehörten, wenn ich eine Schublade öffne, ist es immer die falsche, ich wärme mir den Kaffee vom Vortag auf, scheußlich, und dann das Bett, das leere Bett … Auf ihrer Seite sehe ich noch die leichte Vertiefung ihres Körpers, schwärmte er; ja, ich weiß, das ist unmöglich, denn die Laken sind seit damals schon wer weiß wie oft gewechselt worden, aber sie ist da, ja, da, diese luftige Leere neben mir, bei mir, ihre Abwesenheit an meiner Seite, wo ist sie, die Gefährtin meines Lebens, nicht einmal die Bücher kann ich mehr finden, sie hat sie in Ordnung gehalten, nein, ihr könnt das nicht verstehen …

Schon bald gingen ihm selbst die Freunde aus dem Weg, dieses ewige Gejammere hielt kein Mensch aus, und auch wie er sich ständig an die Brust schlug und sich weiß Gott was für einer Schuld bezichtigte ... Das ist doch natürlich, sagten die anderen, wir alle machen es so, wenn es jemandem schlechtgeht, können wir doch gar nicht anders, die Heime sind ja dafür da, für unsere Lieben, zu ihrem Besten, wenn es ihnen schlechtgeht, denn wenn es ihnen schlechtgeht – und mir ging es wahrhaftig schlecht mit dieser verfluchten Infektion, schlimmer als hätte mich eine giftige Schlange gebissen, mein ganzer Körper Feuer und Eis und die Kräfte, die mich allmählich verließen –, wissen wir nicht, wie wir ihnen helfen können, was wir mit ihnen machen sollen. Dafür gibt es doch die Heime. Man muss sich dareinfinden, ja man muss froh darüber sein und darf kein schlechtes Gewissen haben, wenn wir sie dorthin bringen und sie diesem geschulten Personal anvertrauen.

Aber er sagte nein, dem Herzen kann man nicht befehlen, das Herz bricht, und wenn du ihm befiehlst, nicht zu brechen, bricht es trotzdem, so wie meines, beteuerte er, ach, ich halte den Gedanken nicht aus, dass sie dort ist, in dieser Umgebung, in diesen großen Räumen oder den kleinen Kammern, in diesem Wohnsilo, sie unter all den mumienartig verschrumpelten, schmutzigen Geschöpfen; ja, ich weiß, dass sie immer gleich gesäubert werden, alles wird in Ordnung gehalten, auch der Garten, aber sie, so schön und zart und verträumt – ja, so sieht er mich, er ist wirklich ein Schatz, mein Mann –, sie mit ihrem Gesicht und ihrem Lächeln, dem die Jahre nichts anhaben können, was tut sie unter all den anderen? Vielleicht geht es ihr ja gut, fügte er hinzu, ich weiß, es fehlt ihr an nichts, aber ich, wie soll ich Armer ohne sie zurechtkommen, habt Erbarmen mit dem unglücklichen Geliebten … Wenn ihr glaubt, dass ich übertreibe, sagte er zu den Freunden, dann heißt das, dass ihr kein Herz und kein Gefühl habt, ihr habt keine Poesie im Herzen, wer wird je meine Pein und meine Qual verstehen können, das Leiden, den Schmerz eines Dichters …

Und dann fing er an zu schreiben, in diese Hefte, die ich gut kenne; er schrieb meinen Namen und dann noch irgend etwas und wieder meinen Namen und wieder etwas dazu, aber schließlich riss er das Blatt heraus und warf es weg, denn es wurde ihm klar, dass ihm nichts einfiel. Davon versteht er etwas, das hat er im Blut, er merkt sofort, wenn er etwas Banales hinschreibt – er hat sich immer alles verziehen, bei den Frauen hat er es sich sogar erlaubt, ihnen nach Lust und Laune etwas vorzuschwindeln, und zugleich verlangt, verstanden und bemitleidet zu werden, er, so sensibel und verletzlich … – aber nicht bei den Wörtern, da ließ er sich nichts durchgehen, da merkte er sofort, wenn etwas nicht gut war, und versuchte nicht zu mogeln.

Im Grunde fühlte er sich nur ruhig und sicher, wenn wir beisammen waren; das galt auch für das, was er schrieb, nachdem er es mir vorgelesen und in meinen Augen gesehen hatte – vielmehr behauptete er, an meinem Mund, wenn sich die zunächst ein wenig schmollenden Lippen leicht öffneten, fast wie zu einem Lächeln, wenn auch noch nicht ganz, aber … Ich stutzte ihm natürlich seinen Wortschwall zurecht – er, unbeherrscht, maßlos und großzügig, wie er immer war, ging mit den Wörtern verschwenderisch um, verstreute sie wie Früchte mit vollen Händen, und ich schälte sie für ihn, warf die Schale, das Kerngehäuse und auch eine Menge Fruchtfleisch weg, wenn es notwendig war. Er wäre dazu nicht fähig gewesen, so gierig und unmäßig und zwanghaft, wie er war, immer einen Bissen und einen Becher zuviel, aber von mir ließ er sich auf Diät setzen und wusste, dass das, was auf dem Teller übrigblieb, nachdem ich alles durch ein Sieb passiert hatte, wirklich etwas Gutes war. Bei dir, pflegte er zu sagen, in deiner Nähe weiß ich, wer ich bin, und ich bin gar nicht übel.

Dass man ihn mit all dem Lorbeer bekränzt und mit diesen Literaturpreisen verwöhnt hat, das ist mein Verdienst, denn ich habe seine Werke von einer Menge überflüssigem Fett und sentimentalem Brei befreit, ach, wieviel Ballast ist dank meiner im Papierkorb gelandet; natürlich kann mir auch mal etwas Gutes in die Makulatur gerutscht sein, schon möglich, aber was soll's, es wird ihm eine Lehre sein. Er jedoch sagte nie etwas, er war immer einer Meinung mit mir, er hatte ein Gespür für diese Dinge und erkannte mein Gespür, und wenn er merkte, dass ich mich manchmal irrte – oh, fast nie –, schwieg er trotzdem, denn wegen einer Zeile mehr oder weniger wollte er keinen Streit riskieren.

Ich war seine Muse, und einer Muse gehorcht man, nicht wahr?

Ein Dichter wiederholt getreulich, was sie ihm diktiert, und so erringt er den Lorbeer. Dann trägt er ihn nach Hause, und seine Muse verwendet ihn, um den Braten, den sie ihm mit viel Liebe zubereitet, schmackhafter zu machen. In seiner Verwirrung durch einen Lorbeerzweig auf dem Kopf und einem auf dem Teller, wiederholte er auch zu Hause, bei Tisch, was ich sagte. Klar, redselig, wie er ist, bauschte er die Dinge auf, schmückte sie aus und fügte von sich aus das eine oder andere hinzu, und ich ließ ihn das große Wort führen, vor allem wenn andere dabei waren, ja ich war eigentlich stolz auf seine lebhafte, spritzige Redegewandtheit – das fehlt mir hier drinnen sehr, wo alle schweigen oder höchstens flüstern wie in der Kirche –, ich war stolz zu hören, wie er – natürlich ausgeschmückt, aufgebauscht und übertrieben – Dinge wiederholte, die ich ihm gesagt hatte. Auch wenn er sie ins Lächerliche zog, um den anderen zu imponieren, ließ ich ihn machen, schon weil ich wusste, dass er über die wesentlichen Dinge schwieg: sich einen Pullover überzuziehen, aufzuhören zu rauchen und mit diesen anderen Tagedieben Karten zu spielen, weniger verschwenderisch zu sein, sich nicht mehr um die Politik zu kümmern und abends nicht so spät heimzukommen; und genauso schwieg er, wenn ich eine Seite oder ein Kapitel oder ein Gedicht von ihm aussortierte, zum Beispiel das ganze Geschreibsel vor drei Jahren für diese Schlampe.

Ich war stolz, wenn alle ihn bewunderten, und es machte mir nichts aus, dass sie nicht wussten, dass es mein Verdienst war, wenn er eine gute Figur machte. Und jetzt bin ich wütend, dass er sich, unter dem Vorwand von Trauer und Schmerz, so gehenlässt, so herumläuft, es ist eine Schande, dabei habe ich immer auf alles geachtet, auf die Fussel an der Jacke bis zu den Haaren, die aus der Nase wachsen; ja, ich habe ihn, seit wir beisammen sind, von Kopf bis Fuß neu ausgestattet und verändert, so dass ihn keiner wiedererkannt hat; und ich bin sicher, dass er selbst, wenn er sich im Spiegel ansah, vor Staunen den Mund nicht zubrachte. Es hat mich sehr viel Mühe gekostet, aber dieser verwöhnte Bursche, anstatt mir dankbar zu sein … Ach, lassen wir das, es ist das Los der Frauen. Was soll's … Aber dass er jetzt wieder mit schwarzen Fingernägeln und unrasiert herumläuft, bis in die Morgenstunden auf ist und dann bis mittags im Bett ... kurz, er tut, was er will, lebt wie ein junger Mensch, der nichts hat und nichts kann, in den Tag hinein, immer in Unordnung ... Ach, wenn ich hinausgegangen wäre, ein paar Tage hätten mir genügt ...

Ja, ich weiß, manchmal hielt er es nicht mehr aus ... na und? Ich vielleicht? Aber ... doch das weiß auch er, wenn man mal von allem anderen absieht, in seinen Armen bin ich zur Frau geworden und er in den meinen zum Mann ... zu einem richtigen Mann, nicht zu einem zaghaften Narziss; zu einem Mann, der seinen Weg geht und keine Angst hat vor dem, was ihm zustoßen könnte. Seit ich hier bin, habe ich allerdings gehört, dass er unerträglich geworden sei, weinerlich und anmaßend; er verlangt von allen Hilfe und hört keinem zu, erwartet aber, dass die anderen ihm zuhören und ihn bewundern, bloß weil er nicht weiß, was er tun soll. Aber wenn ich da wäre ...

Und wie er es jetzt wohl macht, wo ich ihm seine Verse nicht mehr auf der Maschine tippen kann ...? Er würde zu viele Fehler machen, hat er immer wieder gesagt, er komme damit allein nicht zurecht, es sei eine Schande – aber es war auch bequem, denn so blieb das Schreiben an mir hängen, und er konnte inzwischen die Zeitung lesen oder irgendwo ein Bier trinken. Jetzt, ohne mich, wird er es schon merken; die Frauen, die immer kommen, wenn er irgendwo öffentlich liest oder einen Vortrag hält, die verhätscheln ihn, betatschen ihn – diese dummen Weiber bewundern jeden, der einen Reim basteln kann, und bilden sich ein, dass dahinter weiß Gott was für ein großes Herz schlüge; sie umarmen ihn, zerren ihn dahin und dorthin, und es kommt noch so weit, dass eine seine Jacke und eine andere seinen Arm in der Hand hält; sie lassen ihn die Bücher signieren, schreiben ihm überschwengliche Briefe, und er antwortet allen, ebenfalls in beseelten Tönen. Manchmal hat er mich gebeten, an seiner Statt, in seinem Namen, zu antworten, und ich machte mir einen Spaß daraus, die Damen noch mehr zum Jubeln zu bringen und auf die Folter zu spannen – aber ich möchte sehen, ob sie sich für ihn an die Schreibmaschine oder den Computer setzen würden, um sein unleserliches Geschmiere abzuschreiben, diese Klaue eines Neurotikers.

Jedoch verliebt und dickköpfig wie ein echter

Neurotiker. Es ist schön, von einem Neurotiker geliebt zu werden, das gibt Sicherheit. Man weiß, dass seine Liebe beständig ist, eine fixe Idee, die allen Schicksalsschlägen trotzt. Ich glaube nicht, dass ich mich so in ihn verliebt hätte, wenn er nicht so neurotisch gewesen wäre. Sie, Herr Präsident, wissen ein Lied davon zu singen, von seiner penetranten Pedanterie. Sein mit sämtlichen notwendigen Stempeln und Gebührenmarken versehenes Gesuch, um für mich die Genehmigung zu erhalten, das Heim verlassen zu dürfen, seine Beschwerde, nachdem Sie abgelehnt hatten, mit neuen Anlagen und dem pingeligen Nachweis von Formfehlern in Ihrem Schriftstück, immer mit dieser klugen Dosierung von bürokratischer Präzision, zwanghaftem juristischen Formalismus und plötzlichen phantastischen Höhenflügen und leidenschaftlichem Überschwang, um den Verwaltungsrat dieses Heims zu beeindrukken – auch wenn der und vor allem Sie, Herr Präsident, sich nicht von schönen Phrasen und flehentlichem Bitten imponieren lassen.

Sie, Herr Präsident, kennen das menschliche Herz besser als jeder andere. Seit undenklicher Zeit, ja, seit einer Ewigkeit, sehen Sie, wie es sich pompös aufbläht, erregt vibriert, sich begeistert öffnet, wenn es gelegen kommt, und sich kalt verschließt, wenn es darum geht, Tribut zu bezahlen – natürlich immer in gutem Glauben; alle finden Gefallen daran, aufgrund ihrer übergroßen Empfindsamkeit zu leiden und sich vom Leid derer, die sie ungewollt verletzt haben, zu Tränen rühren zu lassen. Man kann nicht anders, das ist das Leben. Natürlich ist es traurig, die Blumen, die uns das grausame Schicksal hat zertrampeln lassen, welken zu sehen, aber ... – Auch er hatte in dieser Hinsicht keine Skrupel wegen irgendeines schwärmerischen, unschuldigen jungen Mädchens. Wenn er irgend so ein Blümchen abrupfte, war er überzeugt davon, dass es im Grunde stolz sein könnte, den Blütenkranz eines Dichter zu zieren, oder etwa nicht?

Wie bitte? Entschuldigen Sie, aber ich kann Sie schlecht hören, Herr Präsident. Das kommt daher, dass ich Sie in dieser Dunkelheit nicht sehe – ja, ja, ich verstehe, das ist keine Knauserigkeit des Heims, sondern der Grund ist, dass so viele vor sich hin dösen, ich will mich ja auch gar nicht beschweren, Gott bewahre, da wäre ich ja schön undankbar, nachdem ich diese Sondererlaubnis, diese große Ausnahmegenehmigung, erhalten habe, eine echte Gnade, und wenn ich sie nicht genutzt habe, dann ist das allein meine Schuld. Im Grunde gefällt mir ja dieses gedämpfte, milchige Licht; es kommt mir vor, als sei ich auf dem Meeresgrund, wo alles stillsteht, regungslos, auch die Zeit. Wir sind so gerne gemeinsam in das dunkelblaue Wasser gestiegen, das sofort tief wird, am Ufer unserer Insel; vielleicht sind wir nur dort, in der Unbewegtheit jener wie Jahrhunderte langen Augenblicke, glücklich gewesen. Aber auch hier drinnen, hier unten, in diesem fast völligen Dunkel … Jedenfalls wollte ich nur sagen, dass ich Sie nicht sehen kann, Herr Präsident, ich weiß nicht, wo Sie sind, und deshalb wende ich mich vielleicht nach der falschen Seite und Ihre Worte entgehen mir. Ach, Sie wollten mich fragen, ob er auch bei mir so war, ob auch ich eines von seinen armen Blümchen gewesen bin: gehätschelt, benutzt und, sobald nicht mehr frisch, weggeworfen …

Nein, da können Sie unbesorgt sein, ich nicht. Sonst hätte er sich auch nicht diese irrsinnige Mühe gemacht, bis hier herunterzukommen; etwas, das einem doch Angst einjagt, und tatsächlich hat kein anderer sich bisher getraut – nur er, für mich, für mich, die ich keine Blume sei, die sich pflücken lässt, wie er sagte, sondern eine Flamme, an der man sich das Herz wärmen oder auch verbrennen kann, ein herber und zugleich süßer Wein, der seinen Durst löschte und mit jedem Schluck eine große Hitze in ihm entfachte, einen großen Sommer ... Alles habe ich ihm beigebracht: lange in mir drin zu bleiben, vorher und nachher, zu warten, bis ich ihm erlaubte, bis ich ihm befahl zu kommen, und das ganze Drum und Dran. Wenn wir uns liebten, war es wie ein Meer, eine große heranwogende Welle, die sich hebt, senkt, am Ufer bricht; ohne mich wäre er heute noch ein Kind, einer, der Liebe macht, wie man sich die Nase putzt, und kein Mann.

Ja, alles habe ich ihm beigebracht. Nicht nur die Liebe. Die natürlich auch, aber ebenso alles Übrige: Mut, Treue, ins Dunkel zu schauen, ohne sich in die Hosen zu machen ... – ein Mann, kein Schreiberling, der mit der Feder großtut und im Leben kneift. Wie ein Schwert drang er in mich ein, geschmeidig und stark, Herr und Sklave und Gefährte und alles – der Flügel des Falken zerteilt den Himmel, Geruch nach feuchter Erde, meiner, seiner, Blätter wirbeln im Wind. Mit einem solchen Schwert fürchtest du dich vor nichts, und in meinen Armen, zwischen meinen Beinen vergaß auch er seine Ängste – und ob er die hatte, aber er warf sie hinter sich, so wie seine Kleider, wenn wir zu Bett gingen. Wie leid tun mir doch die, die Angst haben, die sich aufregen wegen eines Knötchens zuviel in der Brust oder im Bauch, wegen einer Schabe unterm Tisch oder wegen eines Luftzugs; die Menschen haben ihre Marotten, das heißt, dass sie sich nicht in der rechten Weise lieben, denn sonst würden sie ihnen vergehen; ich jedenfalls habe nicht so viele Geschichten gemacht wegen dieser schlimmen Infektion, auch wenn ich weiß Gott darunter gelitten habe, aber schließlich kann man nicht gleich hysterisch werden bei jeder Natter, auf die man stößt – auch wenn dich diese schwarzgekleideten Büttel abholen und dich in ihre schwarzen Autos werfen, tun sie dir doch bloß leid, wie alle Gefängniswärter, Spielverderber und Aufseher dieser Welt. Und wenn mich ein Schauder packte – das ist natürlich, das kommt vor –, genügte mir der Gedanke an seinen …

Entschuldigen Sie, Herr Präsident, ich wollte nicht vertraulich werden und erst recht nicht unhöflich. Wie oft hat man mir schon gesagt, dass man über solche Dinge nicht spricht. Ihnen gegenüber wäre es außerdem eine Ungehörigkeit sondergleichen. Und trotzdem ... schauen Sie, auch ich habe früher geglaubt, dass Sie sehr streng seien, puritanisch, einer, der Adam und Eva bestrafen würde, nur weil sie sich womöglich geliebt haben in jenem wunderbaren Garten, bei dessen bloßem Anblick – all die schönen Blumen, die geöffneten Blüten – einen doch die Lust ankommen musste, stärker noch als uns beiden in jenem Sommer am Meer ... Also, wie gesagt, Sie gelten als jemand, der die Promiskuität nicht gern sieht. Aber das ist eine Verleumdung, das kann ich bezeugen, auch wenn es Ihnen sicher egal ist, was für Lügen und Gemeinheiten man über Sie verbreitet. Seit ich hier bin, in diesem großen Heim – ich habe es noch gar nicht ganz besichtigt, was heißt ganz, noch nicht einmal einen kleinen Teil –, also, seit ich hier bin, habe ich das Gefühl, dass das nicht stimmt und Sie vielmehr nichts dagegen haben, ganz im Gegenteil, wenn zwei ... Jedenfalls mischen Sie sich nicht ein. Bei anderen Dingen dagegen – wie streiten, lügen, jemandem etwas antun – begreift man sofort, dass Sie das nicht dulden, dass Sie da unerbittlich sind. Vielleicht liegt es auch daran, weil hier drinnen die Gefahr, dass einem jemand unter den Rock oder zwischen die Hosenbeine greift, nicht so groß ist … Bei dieser schlechten Beleuchtung, der Kälte und der wenigen Luft sind wir alle ein wenig schlapp, sonst wären wir ja auch nicht hier, und so verlangt es uns auch nicht besonders danach, miteinander zu …, also nach den Wonnen und Sünden des Fleisches. Und daher kümmern Sie sich bei der Leitung des Heims auch nicht weiter darum und lassen irgendein harmloses Techtelmechtel durchgehen.

Zumindest ist das mein Eindruck, denn gesprochen haben wir darüber nie. Wie auch, wir haben uns ja nie gesehen. Ehrlich gesagt, das hat mich ein wenig erstaunt. Dass Sie sich dort draußen nicht sehen lassen, ist naheliegend. Womöglich gehen Sie dort verkleidet spazieren, vielmehr mit Sicherheit, denn Sie sind ja kein Insasse wie wir, aber natürlich können Sie es nicht riskieren, erkannt zu werden. Stellen Sie sich das mal vor: Alle stürzen sich auf Sie, um zu fragen, zu danken, zu protestieren, Sie anzuflehen, zu beschimpfen, um Entschuldigung zu bitten, Vorwürfe zu machen, über Klagen, Probleme, Unglücksfälle, Missgeschicke und so weiter von wer weiß wann zu berichten ... nicht einmal eine so gefürchtete Respektsperson wie Sie würde leicht damit fertig werden. Aber hier drinnen, im Heim, könnten Sie uns Ihr Gesicht doch zeigen – einfach so, um uns zu beruhigen, hier bin ich, macht euch keine Sorgen. Schließlich sind Sie der Präsident der Stiftung, die sich um das Heim kümmert, der erste und bislang einzige Präsident, der Mann, der den Laden auf die Beine gestellt hat, drinnen und draußen, um unseretwillen .... Aber Sie zeigen sich nie, wer hat Sie hier drinnen schon jemals zu Gesicht bekommen? Vielleicht liegt es ja an diesem Dämmerlicht, an diesen schwachen Lampen, von denen man meint, sie seien ausgeschaltet – im übrigen, entschuldigen Sie, sicherlich ist es stimmungsvoll, und mir persönlich missfällt es auch gar nicht, aber es ist doch etwas geschmacklos, denn manchmal kommt man sich vor wie in einer zwielichtigen Diskothek; allerdings versteht man dort nichts wegen der laut aufgedrehten Musik, hier dagegen sind alle still oder sprechen so leise, dass man ebenfalls nichts versteht.

Doch abgesehen von der Beleuchtung besteht eigentlich kein so großer Unterschied zwischen dem

Heim und dort draußen, wie man glaubt oder wie zumindest das Heim in seiner Werbung behauptet, in seinen Zweigstellen, Niederlassungen und zahlreichen Agenturen. Man soll diesen Handelsvertretern nicht trauen; ich verstehe ja, es ist ihr Metier, einem etwas anzudrehen, sie haben Familie, und so zeigen sie dir Prospekte und Fotos und Bilder, wunderbare Strände, wolkenlose Himmel, die Fahrkarte für die Paradiese kostet wenig, Würde und Komfort zugesichert, im Zweifelsfall Familienrabatt, Sie werden sehen, gnädige Frau, dort unten ist alles anders, das wahre Leben, das unsere verlogene und verdorbene Gesellschaft verseucht hat. Adam und Eva haben überall Schweinereien getrieben, und ihre Kinder und Enkel treiben es noch schlimmer, die Welt ist krank und verkommen, steigen Sie ins Auto – auch das wird von der Firma zur Verfügung gestellt und ist im Preis inbegriffen – und fahren Sie los, Sie werden es nicht bereuen, Sie können sich gar nicht vorstellen, wie wohl Sie sich fühlen werden, denn das Heim ist völlig anders.

Ich dagegen habe es fast nicht bemerkt, dass ich anderswo bin. Die Straßen zum Beispiel ähneln sich, sind fast gleich. Schwarz vor Menschen, die umherlaufen, sich streifen, aneinanderstoßen, sich scheel und misstrauisch anschauen, zwischen den Häusern und in den Korridoren verschwinden, ein Strom, der in Schleifen und Windungen dahinfließt, anschwillt oder abnimmt zwischen den Ufern, auch wenn man die überhaupt nicht sieht, sie gar nicht da sind. Das Wasser glitzert einen Augenblick lang im Licht, verschwindet im Schatten; eine Wolke, die Decke senkt sich, die braune Flut stürzt sich auf dich, reißt dich mit sich, aber tut dir nicht weh, das Wasser ist weich wie Nebel, auch die Menge, die dich bedrängt, ist weich, Körper aus zartem Schlamm, die dir zwischen den Händen zergehen und sich verflüchtigen, ehe du sie umarmst. Die Strömung ist stark, die Bäume neigen ihre Wipfel übers Wasser, und die Zweige peitschen dein Gesicht, aber es ist nur eine leichte Liebkosung von Blättern, die sofort vergeht; ein Gesicht taucht neben dir auf, lächelt dir unsicher zu und ist schon wieder verschwunden in der nachgebenden Menge, aufgelöst in Rauch. Das Herz krampft sich zusammen. Mein Liebster, sei du mir Schutz und Schild …

An jenem Sonntag in der Stadt, in der du Soldat warst – gestern, heute, vor tausend Jahren, hier sind

Kalender und Uhren verboten, sie werden einem gleich bei der Ankunft abgenommen, alles ist jetzt und nie –, ach Gott, was heißt Soldat, du warst halt in Uniform, und bei all den Büchern, die du geschrieben hattest, haben sie dich gleich in die Schreibstube gesteckt; du hast dich zwar oft vertippt, aber das war dir egal, denn es handelte sich ja nicht um deine Lieder; dir gefällt die Schreibmaschine so, wie sie ist, als Instrument, deine Finger auf den Tasten wie Schicksalsschläge, die Buchstaben und Zahlen, die aufs Papier fallen. Du hast immer gern geschrieben, ganz gleich, was, einfach bloß schreiben; es ist die Geste, die zählt, die Geste eines Dichters, die Geste eines Königs, eines willkürlichen Herrschers über die armen Vokale und Konsonanten, die auf Kommando herausspringen und sich in Reih und Glied stellen, vorwärts marsch, rechtsum, weggetreten. Das Blatt zerknüllen und ab damit in den Papierkorb. Aber dort, in der Kaserne, konntest du das nicht tun; jedes Blatt war richtig und sinnvoll, und du legtest es ordentlich in die Akten und Verzeichnisse ab. Wäre es nur immer so gewesen, auch außerhalb der Kaserne, auch nach dem Militärdienst; jedes Wort, jeder Satz, jede Seite gerechtfertigt und notwendig wie in diesen Registern, ein starkes und schönes Lied auf das Leben.

Doch draußen, beim Ausgang, ohne Uniform, im Urlaub, vermischen sich die Lieder, auch die deinen, mit dem Geschrei und Stimmengewirr, ein Reden und Schwatzen, das sich unterwegs verliert; es ist auch nutzlos, die Stimme zu erheben, ja noch schlimmer, ein schrilles Pathos, ein Luftzug wirbelt die Blätter auf dem Tisch durcheinander und verstreut sie irgendwohin. Auch jetzt, wenn du dort draußen gepeinigt meinen Namen rufst, oder einen der vielen Namen, die du mir gabst, wenn du in mich eindrangst, meine Eurydike, sagtest du, meine … – auch jetzt, wo du über die verlorene Liebe weinst und klagst, in Reimen, die wie das Wasser fließen und wie die Blätter rauschen, oder in freien, wilden Versen wie das Hupen auf der Straße, wer weiß, was dabei herauskommt …

In der Kaserne dagegen hast du die Papiere in Ordnung gehalten; selbst der Kompaniefeldwebel war mit dir zufrieden und gab dir gern Ausgang, wenn ich dich besuchte. So wie an jenem Sonntag … die Straßen voller Menschen, die einander schoben, stießen, uns im Gedränge manchmal trennten. Und wir beide schüchtern, innerlich glühend und schamhaft auf der Suche nach einem Zimmer, um aus dem zähnebleckenden Universum einen winzigen Raum für uns herauszuschneiden, allein für uns, so klein und schmal, dass wir uns nur engumschlungen darin aufhalten konnten, uns lieben auf dem Fußboden, auf dem Stuhl neben dem Wasserkrug in dem Zimmer der alten Kupplerin; eine Stunde, sagte sie mit obszöner Vertraulichkeit, sie wusste, dass »lärmend bedrohte das mannhafte, feindliche Leben unsere Jugend« – nein, mein Schatz, diese Verse sind nicht von dir, vielleicht kanntest du sie gar nicht, ich habe sie dir vorgesagt, damals, in dieser Menschenmenge, und du wurdest nicht müde, sie zu wiederholen – immer hast du einen sicheren Instinkt gehabt für das Große –, und dann hast du sie auf deiner Leier wieder und wieder gespielt. Was mache das schon, dass sie nicht von dir seien, sagtest du, sie gehörten jetzt dir; der Gesang spricht für alle, auch für mich, die ich nie solche Verse dichten könnte. Du wusstest, dass die Dichtung nie dir allein gehört, wie die Liebe, sondern allen; nicht der Dichter erschaffe das Wort, sagtest und deklamiertest du, es sei das Wort, das auf ihn herabfällt und ihn zum Dichter macht. So hast du dich vielleicht auch ein wenig getröstet, armes Rohr, in das, ohne sein Verdienst, der Gott bläst wie in alle Rohre, auch in die, welche ohne ihr Zutun größer und melodischer sind. Was macht es schon, von wem das Lied ist, wenn es für dich, für uns spricht? Was macht es, von woher das Wasser kommt, das deinen Durst löscht und in deinem Mund zu dem deinen wird? Auch viele meiner Worte sind in deinen Liedern, in deinen berühmtesten und von allen bewunderten Versen gelandet, und darüber bin ich glücklich, weil sie aus deinem Mund kommen, und damit liebst du mich noch mehr …

Rasch sind wir diese Treppen hinaufgestiegen, um keine kostbaren Minuten und Sekunden der im voraus bezahlten Stunde zu verlieren; ich hatte Mitleid mit dieser feixenden Kupplerin, die Arme, die sich einbildete, dass diese beiden, wir beide, so wie viele andere nach einem kurzen Tumult und ein paar Flecken auf den Laken gleichgültig wie Fremde diese Stiegen wieder herunterkämen und nach einem eiligen Gruß jeder hinter seiner Ecke verschwinden würde. Die arme Alte; ginge es bei ihr nur immer so: das Geld in ihre verschwitzten

Hände, ein rasches Keuchen, ein paar unübliche Spielchen, jeder hat da seine eigenen, das Herz unbeteiligt, abwesend, gar nicht vorhanden, und alles ist in Ordnung, die Welt ist ein Stundenhotel, ein Paradies, kein Biss ins Herz, kein Abschied. Doch auch in der abgenutztesten Gewohnheit, im schmutzigsten Laster, dieses Stechen im Herzen, dieser fremde, verlorene Blick, der für einen Augenblick all das sagt, was fehlt … Das Glücklichsein, die Leere, die Katastrophe, die unerträgliche Intensität des Beisammenseins …

Als bereits klar war, dass ich in das Heim umziehen würde und du die ganze Zeit an meinem Bett zubrachtest, da fand ich mich in deinen Augen so schön gespiegelt; ich begehrte mich durch deinen Blick; zwar wusste ich, dass ich kreidebleich war, entkräftet von diesem Gift, aber in deinen Augen sah ich mich immer noch gebräunt von Sonne und Meer, wie damals, als wir uns aufmachten zu unserer kleinen Insel; wir erreichten sie schwimmend und gingen unter dem Kreischen der Möwen an Land, nackt und strahlend wie Götter. Du bist auf meiner Bettkante gesessen, ich habe deine Hand genommen und mich unter der Decke liebkosen lassen; deine Hand tauchte in mich ein, der Fischer stieg in die von neuem feuchte, tropfende Meeresgrotte, ich leitete dich in dieser Tiefe, ohne Angst, ich habe nie Angst gehabt vor der Liebe, du dagegen schon, kleingläubiger Mensch, aber jedesmal zog ich dich aus dem Strudel der Ängste heraus und ließ dich in mich hineinstürzen, eindringen in mein tiefes Dunkel; und wenn du hinabstiegst in die finstere Nacht meines Schoßes, dann fandest du deine Klarheit wieder, deine Freiheit und Sicherheit. Wie in der Meeresgrotte auf unserer Insel, sagtest du; man taucht in die Finsternis und findet sich in einem wunderbaren blauen Licht.

Auch damals, an meinem Krankenbett, hast du anfangs gezögert; deine Hand war unsicher unter der Decke, und erst die meine hat sie geführt und hineingestoßen. Und während du in mich eindrangst, spürte ich, wie du vom Grund deiner Angst emporstiegst, wie du wieder Kraft und Mut fandest; deine zunächst so vorsichtige Hand wurde kühn und stark; diese nächtliche Wonne auf der Schwelle zur großen Nacht, die bald auf uns herabsinken sollte, war unbezwingbar; damals in deiner Hand habe ich eine Lust empfunden wie vielleicht nie zuvor – geh ans Meer, habe ich dir kurz darauf gesagt, geh in unsere Bucht, die so blau ist, dass man meint, sie sei schwarz – wenn wir uns auf jener Insel geliebt hatten, sprangen wir danach immer ins Meer –, geh, tu es auch für mich, jede deiner Freuden ist auch meine und bringt dich zu mir zurück, kräftiger und männlicher. Ohne jenes Mal unter der Decke – das letzte Mal, danach hat mich das Gift in meinen Adern besiegt – hättest du vielleicht nicht den Mut gehabt, hierherzukommen, mich hier unten zu suchen, in diesem Heim, in dieser anderen Höhle der Finsternis.

Sehen Sie, Herr Präsident, als ich von dieser unglaublichen, einzigartigen Erlaubnis hörte, die nie zuvor irgend jemandem erteilt worden war, war mein erster Gedanke, dass wir wieder gemeinsam ans Meer gehen könnten. Wie hat er das nur fertiggebracht, dachte ich voll Stolz, wie hat er es nur angestellt, selbst Sie, Herr Präsident, zu rühren, Sie, der Sie zwar mitleidig sind, aber auch gerecht und streng, Sie, der die Herzen erforscht und sich bestimmt nicht von pathetischen Szenen und billigen Tränen täuschen lässt, wie so viele dort draußen, die sich einwickeln lassen von jemandem, der ihnen sein Herz ausschüttet. Ehrlich gesagt, wenn ich von seinem tollkühnen, verrückten, grandiosen Plan gewusst hätte, hier hereinzukommen und Ihnen diesen unerhörten, unverschämten Wunsch vorzutragen, hätte ich gefürchtet, dass Sie wütend werden und das Ganze für ein Bubenstück halten könnten. Ich kenne meinen Mann, selbst wenn er über Bauchschmerzen klagt, scheint es eine Tragödie zu sein. Auch mir ging er manchmal auf die Nerven, aber bei mir erlaubte er sich solche Szenen nicht, denn ich trieb sie ihm gleich aus. Jetzt dagegen erzählt man mir, dass er wieder maßlos übertreibt … Aber … sehen Sie, wenige bemerken, wieviel echter Schmerz, wieviel Leid und Liebe in seinen theatralischen Szenen stecken. Na ja, die anderen sind eben keine Dichter und haben auch keine Ahnung, was ein Dichter ist. Aber Sie, Herr Präsident, Sie müssen einer sein, ein heimlicher, großer, anonymer Dichter, wie diese berühmten antiken Poeten, von denen man nicht weiß, wer sie waren … Also, wenn Sie ihm erlaubt haben, herzukommen und mich zu holen, dann müssen Sie sein Herz besser erforscht haben als ich, denn manchmal war es auch für mich …

Ich bin sofort hinter ihm hergegangen; der Gedanke ans Meer hatte mir Flügel verliehen, ich lief, im Dämmerlicht, rasch die Treppen hinauf, die langen Korridore entlang, über die Treppenabsätze und durch die Abstellräume, vollgestopft mit Taschen, Koffern und Bündeln, alles Zeug, was wir versuchen, mit hierherzunehmen, und das wir dann, gemäß der Hausordnung, beim Personal abgeben müssen. Wer weiß, was die mit dem ganzen Gepäck machen, denn es ist auch verboten, die Sachen an die Familien zurückzugeben. Vielleicht bleiben sie einfach nur da liegen, um vor sich hin zu gammeln und sich irgendwann aufzulösen. Andernfalls hätten sie schon längst das ganze Heim vollgestopft und zugemüllt.

Ich lief, rannte, stolperte in irgendeiner Pfütze, folgte ihm, verfolgte ihn, konnte es kaum erwarten, mit ihm zu reden, ihm in die Augen zu schauen. Aber das war verboten, und ich begriff auch, warum. Wenn die anderen etwas von diesem unmöglichen Besuch erfahren hätten, der noch nie jemandem bewilligt worden war … vielleicht früher einmal, sagt man, vor langer Zeit, aber das ist eines dieser Märchen, die man den Kindern erzählt, damit sie brav sind, damit sie glauben, dass nichts wirklich unmöglich ist und sie daher ruhig werden und zuversichtlich, aber es ist vor so langer Zeit geschehen, vor so vielen, vielen Jahren, dass es ist, als sei es nie geschehen oder wenn, dann vor so endloser Zeit, dass man zwar hoffen kann, doch mit sehr, sehr viel Geduld, denn ehe es wieder geschieht, muss ebensoviel Zeit vergangen sein, und daher bringt es nichts, sich jetzt schon aufzuregen. Aber wenn die anderen erfahren hätten, dass er, ein Mensch aus Fleisch und Blut, hier herein-, hier heruntergekommen ist, um meinetwillen, wenn sie uns zusammen gesehen hätten, das hätte einen Aufstand gegeben. Na ja, was heißt Aufstand. Sie, ich meine, wir, jagen niemandem Angst ein, so heruntergekommen und ausgemergelt, wie wir sind, eine Reihe von aufgehängten Kleidern. Aber wir sind – sie sind, glaubte ich inzwischen sagen zu können – so viele, so unzählig viele, dass wir vielleicht doch ein wenig Angst einjagen können: ein Insektenschwarm, der den Himmel verdunkelt.

Ich lief schweigend weiter, schob mich durch das Gedränge. Menschenschlangen gingen vor mir her, schwarze Schatten wie die Passanten in jener Uferstraße am Meer im Gegenlicht eines glühenden Sonnenuntergangs, Papierfiguren, die der Wind geknickt hatte. Keuchend hastete ich an ihnen vorbei, versuchte, nicht zu sehr aufzufallen, und erwiderte manchmal ein schwaches grüßendes Lächeln, das ich hin und wieder auf einem Gesicht zu entdekken glaubte. Nebelfetzen flogen um mich herum, Schlammklumpen zerbröckelten lautlos unter meinen Schritten; er weit vor mir, sein Rücken aufrecht und jugendlich, als ob auch für ihn die Jahre nicht vergangen wären. Ab und zu verschwand er hinter der Biegung eines Korridors, hinter einem felsigen Abhang, versank in diesen seltsamen scharlachroten Blumen, welche die Verwaltung im Heim verstreut und die sich dann überall anhäufen, eine Decke aus immer dunklerer Glut. Merkwürdig, dass ich den sicher abgestandenen Geruch dieser verwelkten, fleischigen Blüten nicht wahrnahm; vielleicht bin ich schon daran gewöhnt, dachte ich, während er wiederauftauchte, sich taumelnd aus einem rostfarbenen Rinnsal erhob, in dem er ausgeglitten war. Er schleppte sich mühsam weiter, ich streifte diese Sümpfe und Felsen nur; eigentlich hätte ich ihn leicht einholen können, aber ich bremste mich, denn ich wusste, dass wir uns nicht zusammen sehen lassen durften, angenommen, dass diese weißen Augen um uns herum durch die lange im Dunkeln verbrachte Zeit noch einen Schatten vom anderen unterscheiden konnten.

Der Gedanke, bald wieder dort draußen zu sein, wo alles wesentlich schwieriger und grausamer ist als hier im Heim, schreckte mich nicht. Allein ja, da hätte ich Angst gehabt und wäre nie fortgegangen aus diesem Frieden, den ich so herbeigesehnt habe, als diese Krankheit, giftiger als eine Schlange, mich niedergestreckt hatte. Auch er hatte, allein dort draußen, bestimmt Angst gehabt; vielleicht war er deshalb gekommen, um mich zurückzuholen. Nicht um mich zu retten – selbst wenn er davon überzeugt war, wenn er es in seinen Liedern zum Ausdruck brachte, seinen vielleicht trügerischen, aber betörenden Liedern. Ich wäre ihm schon allein deshalb gefolgt, um sie wieder zu hören.

Nein, er war nicht gekommen, um mich zu retten, sondern um selbst gerettet zu werden. Wie könnte ich meine Lieder in fremdem Lande singen? hatte er oft zu mir gesagt. Ich war für ihn das verlorene Land, der Nährboden seiner Kunst, seines Lebens.

Er war gekommen, um sich sein Land, aus dem er vertrieben worden war, zurückzuholen. Und auch um wieder beschützt zu werden vor den harten Schlägen, die von allen Seiten kommen und die ich für ihn immer abgewehrt hatte, die Giftpfeile, die ihm galten, jedoch immer meine Brust trafen, die weich war in seiner Hand, aber hart wie ein runder Schild, um diese Pfeile abzufangen und ihr Gift aufzusaugen, ehe es ihn erreichte. Zum Schluss waren es zu viele, und das Gift hat mich besiegt, aber in seinen Armen war auch ich glücklich und ohne Angst; es spielt keine Rolle, wohin der Pfeil trifft, in die Flanke oder ins Herz, in meines oder deines, wenn zwei eins sind. Ohne ihn wäre auch ich nichts gewesen, wie er ohne mich; irgendeine Frau und irgendein Mann, die scheu um sich schauen und versuchen, eine gute Figur abzugeben, ohne die Lilien auf dem Felde zu sehen.

Nein, ich fürchtete nicht die rauhe, schneidende Luft, die mir bald wieder ins Gesicht blasen würde. Auch nicht die Schwierigkeiten, die mich bei meiner Heimkehr erwarten würden. Irgendein Techtelmechtel hatte er in meiner Abwesenheit sicher angefangen, dachte ich; vielleicht auch etwas Ernsteres, denn er ist eine großzügige Natur und verliebt sich tatsächlich, jedenfalls behauptet er das und glaubt es auch, und dann beginnen die Probleme. Aber ich hatte ihm schon verziehen – nein, was sage ich? Nur wer nicht verliebt ist, verzeiht leicht, wer liebt, ist unversöhnlich, lässt nichts durchgehen. Übrigens hätte er nicht gewagt, mich so zu betrügen wie sich selbst, mir von hochherzigen Schwestern zu erzählen, die nichts anderes wollten, als seinen großen Schmerz lindern, mir zu sagen, dass er selbst nicht begreife, wie es manchmal dazu komme, dass er … Ich verzieh ihm überhaupt nicht und war hinter ihm her, auch um ihm gehörig die Meinung zu sagen, um ihn büßen zu lassen, ich wusste zwar nicht, wofür, aber ihn trotzdem büßen zu lassen. Ich wollte mal sehen, ob er den Mut hätte, sich zu rechtfertigen – diese Manie, immer recht zu haben, die hatte ich ihm schon seit einer Weile ausgetrieben und auch seine Anmaßung, mir ständig widersprechen zu wollen, wenn ich ihn ausschimpfte, und dabei wusste ich genau, warum, oder ahnte, spürte es zumindest, seine Unterstellung, dass auch ich manchmal unrecht hätte … Mein Gott, wie verletzte mich dieser Hochmut, dieser Anspruch, selbst ebenfalls die Stimme zu erheben, quasi um mich nachzuäffen, sich über mich lustig zu machen, und wie brachte er mich zur Verzweiflung mit seiner Manie, mit allen Leuten gut Freund sein zu wollen, Türen und Taschen dem Nächstbesten zu öffnen, ohne an die Familie zu denken. Aber bei mir funktioniert das nicht, und nach einiger Zeit hatte auch er Vernunft angenommen.

Mich beunruhigten nicht die paar Frauen, die ihn mit Sicherheit während meiner Abwesenheit getröstet haben. Die machen mir nichts aus; ich weiß, dass er als erster zu lachen anfängt, wenn er sie mit mir vergleicht, und dieser Vergleich mit mir war immer eine Marotte von ihm, eine fixe Idee. Um so besser für mich, auf diese Weise hat er sie gleich wieder sitzenlassen, fast ehe er richtig angefangen hatte. Dass ein Ehemann so etwas tut, kann ich verstehen, obwohl, wenn ich ihn dabei auf frischer Tat ertappte, wüsste ich, wie ich ihm ein für allemal die Lust dazu austreiben könnte. Auch er hat immer kapiert, wer es ist, der im Bett den Ton angibt. Dagegen diese Zigeuner-Allüren, dieser Anschein von Weltoffenheit, mit dem er sich, wie man mir erzählt, jetzt wieder umgibt – ach ja, die Dichtung, versteht sich, die Humanität, das religiöse Gefühl des Menschlichen und des Göttlichen, ich kenne diese Leier, und dann im Bett rauchen und den Geburtstag meiner Mutter vergessen, während er sich immer an den seiner uralten Kinderfrau erinnert und sogar an den von Schulkameraden –, ja das brachte mich auf die Palme, und ich wollte sehen, ob er wieder damit angefangen hatte.

Und so lief ich hinter ihm drein, bahnte mir einen Weg durch die Menge, die mich umgab und auseinanderstob wie ein Vogelschwarm, wenn man die Zweige, auf denen er sich niedergelassen hat, schüttelt. Der Weg war lang, sehr lang – nein, nicht unendlich, das Heim ist zwar riesengroß, aber nicht unendlich, wie man dort draußen glaubt, und bald würde ich die Kanäle, die es umgeben, überqueren, ich würde diese Aufzüge nehmen, die unzählige Stockwerke durchfahren, würde an das Portal kommen, das von den elektronischen Hunden bewacht wird, die von der Zentrale die Order erhalten haben, uns durchzulassen, und dann wäre ich draußen, wäre angekommen: wir würden uns ins Gesicht sehen können, sein Blick, mein Blick, die Jahre würden wegfliegen wie diese Nachtvögel, die sich bei meinem Vorbeigehen erhoben.

Der Ausgang war nahe, das merkte ich; na ja, was heißt nahe? Das Heim ist grenzenlos, und seine Korridore, Treppen, Gänge, Keller, Säle, Mansarden scheinen nie enden zu wollen, aber ich wusste, spürte, dass ich bald – es kam nicht darauf an, wann, in Jahren, in Kürze – hinauskäme und in seinen Armen läge, sein Mund auf dem meinen, seine Hände auf meinen betäubten Brüsten, auf meinem vergessenen Geschlecht, das anfing sich zu erinnern, zu erwachen, ein Wasserstrahl, der wieder aus der vertrockneten Quelle zu sprudeln begann. Mir kam es vor, als fühlte ich seine nächtliche Hand in der meinen, wie immer in den klaren und tiefen Wassern des Schlafs, so anders als diese schlammigen, blubbernden Sümpfe, die uns nicht schlafen lassen – das Heim ist das Reich der Schlaflosigkeit, sobald einer von uns einschläft – aber das geschieht fast nie –, kommt sofort eine Aufsicht und rüttelt ihn wach. Man behauptet, so elend, wie wir dran sind, würde uns das Schlafen schaden, und wir dürften uns nicht gehenlassen, das sei so gefährlich wie das Einschlafen im Schnee.

Wir hier dagegen möchten schlafen, und ich war glücklich, weil ich bald schlafen dürfte, schlafen mit ihm; einander lieben, im Bett, auf dem Fußboden und dann engumschlungen beieinander bleiben, ineinander verwickelt – einmal haben wir so gelacht, weil er meinen Fuß geküsst hat, und ich glaubte, seine Schulter zu küssen, und dabei war es in diesem Durcheinander von Armen und Beinen meine eigene. Wieder zusammen einschlafen, er noch in mir – ich fühlte ihn noch zittern, immer weniger, während wir in den Schlaf hinüberglitten; die Liebe ist dieser Schlaf, in dem sie andauert und ganz allmählich erlöscht, ohne in Wirklichkeit je völlig zu erlöschen – andernfalls ist es nur ein Zucken, ein Reiben, ein Hochfahren, und danach hat man sofort Lust, aufzustehen, sich wieder anzuziehen und seiner Wege zu gehen. Ich bin sicher, dass er das mit all den anderen so gemacht hat, dass er nur in mir geschlafen hat in dieser großen Hingabe.

Seine Lippen, sein Mund, seine Worte. So viele Dinge, die wir uns zu sagen, zu erzählen haben, nach all der Zeit. Mir kam es schon vor, als hörte ich ihn; sobald er anfängt, hört er nicht mehr auf, redet und redet, auch im Bett, manchmal hätte ich gewünscht, er wäre ein wenig schweigsamer, wenigstens im Bett. Im übrigen hatte ich fest vor, ihm zu sagen, dass ich getrennte Zimmer haben möchte, weil er schnarcht und weil man manchmal einfach das Bedürfnis hat, für sich zu sein. Und überhaupt: Wenn er es fertiggebracht hat, bis hier herunterzukommen – eine richtige Heldentat, deswegen liebe ich ihn auch, kein anderer wäre so hartnäckig und couragiert gewesen –, dann soll er sich noch einmal anstrengen und mir dort oben eine etwas bessere, größere Wohnung kaufen, in zentraler Lage und mit Garage, damit man sich die Mühe spart, jedesmal wieder einen Parkplatz zu suchen, eine Mühe, die immer ich auf mich nehmen muss, weil er womöglich andere Autos ramponiert, und eine Wohnung mit schöner Aussicht. Denn wenn er will, kann er schon etwas Geld verdienen, wenn er die Ärmel hochkrempelt und sich an den Tisch setzt, ohne zu wählerisch zu sein mit dem, was sie ihn zu schreiben bitten, und anstatt das Leben mit Reden zuzubringen und sich den ganzen Tag herumzutreiben. Ja, sein Mundwerk … Doch manchmal ist auch Reden eine Form von Liebe, und ich konnte es kaum erwarten, ihm zuzuhören, zu erfahren, was er gemacht, gesagt, geschrieben hatte, und ob ihm neue Lieder eingefallen seien.

Vor allem, was mit dem unvollendeten Lied geschehen ist, das er gar nicht wirklich begonnen hatte und das ihn so quälte, weil er es nicht in den Griff bekam. Dieses Lied sei alles, sagte er; es singen und dann die Leier niederlegen, die man nicht mehr brauche, wenn man einmal mit dem Gesang die dunklen Türen geöffnet und das Geheimnis enthüllt habe. Dahinter, sagte er zu mir und zeigte auf die eisernen Tore des Heims, wenn wir sie beim Spazierengehen am Stadtrand von weitem sahen, da kann man den Dingen ins Gesicht sehen. Hier draußen sehen wir nur die Tore, deren glänzende konvexe Schuppen die zerbrochenen Abbilder der Dinge spiegeln, die sich schräg in die Länge ziehen oder sich unförmig aufblähen, je nachdem, ob wir etwas weiter vor- oder zurückgehen, sie schrumpfen zusammen, dehnen sich aus, werden zerquetscht – wir kennen nur diese flüchtigen Karikaturen, aber nicht die Wahrheit, die sich auf der anderen Seite, hinter diesen Bronzespiegeln verbirgt. Aber ich, mein Schatz, sagte er zu mir, kann nicht mehr nur die Fata Morgana dieser Spiegel besingen, diesen trügerischen Widerschein. Mein Gesang muss die Wahrheit verkünden, die Dinge beim Namen nennen, das, was die Welt zusammenhält oder auseinanderfallen lässt, koste es, was es wolle, auch das Leben – ich habe ihn nicht gefragt, ob meines oder seines –, oder aber ich muss verstummen, was für mich schlimmer wäre als sterben.

Und da, Herr Präsident, habe ich plötzlich einen Stich im Herzen verspürt; ein Licht, einen Blitz, der die Dunkelheit zerreißt, aber auch die Seele, denn mir wurde klar, was er mich sofort fragen würde, und ich habe begriffen, dass es zu Ende war. Die Straße versperrt, die Brücke eingestürzt, der Abgrund unüberwindbar. Mir schien es, als hörte ich bereits, wie er mich über das Heim ausfragt, über Sie, Herr Präsident, über die Stiftung und über uns und was hier drinnen wirklich los ist und wie die Dinge in Wahrheit sind, die Herzen, die Welt. Ja, Herr Präsident, denn auch er ist davon überzeugt – wie alle, wie auch ich es war, ehe ich hierherkam –, dass man, wenn man einmal das Heim betritt, endlich die nackte Wahrheit erkennt, sie nicht mehr verschleiert, gespiegelt, entstellt, maskiert und geschminkt sieht, wie dort draußen, sondern ihr Aug in Aug gegenübersteht. Das Geheimnis des Lebens und des Todes besingen, sagte er, wer wir sind, woher wir kommen, wohin wir gehen, aber die Grenze ist hart, die Feder zersplittert an den Bronzetüren, die das Schicksal verbergen, und so bleibt man draußen, um vergeblich über Bleiben und Vergehen zu grübeln, über das Gestern, das Heute und das Morgen, und die Feder dient nur dazu, um auf ihr herumzukauen, denn nur die große und schreckliche Wahrheit ist des Gesangs würdig – zumindest des seinen, das sagte er zwar nicht, aber er dachte es –, und die Wahrheit erkennt man nur hinter diesen Türen.

Dort draußen, Herr Präsident, ist man gierig danach zu wissen; auch wer vorgibt, sich nicht dafür zu interessieren, gäbe weiß Gott was darum, es zu erfahren. Er aber ist in dieser Hinsicht noch gieriger als alle anderen, denn er ist ein Dichter, und die Dichtung, sagt er, muss das Geheimnis des Lebens aufdecken und verkünden, den Schleier herunterreißen, die Türen aufbrechen, den Meeresgrund berühren, wo sich die Perle verbirgt. Vielleicht, habe ich gedacht, ist er vor allem – oder nur? – deshalb gekommen, mich zu holen, um zu wissen, um mich auszufragen, damit ich ihm erzähle, was sich hinter diesen Pforten verbirgt, und damit er seine Leier nehmen könnte und das neue, unerhörte Lied anstimmen, das Lied, das von dem erzählt, was niemand weiß.

Ich sah ihn bereits, wie er sich an mich klammerte, um meine Worte zu hören, sah seine fiebrigen grünen Augen … und wie hätte ich ihm sagen können, dass … und verstehen Sie mich bitte recht, Herr Präsident. Wie hätte ich ihm sagen können, dass es hier drinnen, abgesehen von dem Dämmerlicht, genauso ist wie draußen? Dass wir uns zwar hinter dem Spiegel befinden, aber dass diese Rückseite ebenfalls ein Spiegel ist, genau wie die Vorderseite? Auch hier lügen die Gegenstände, sie kaschieren und verfärben sich wie Medusen. Wir sind sehr viele, so wie draußen, sogar noch mehr, das macht es noch schwieriger, sich kennenzulernen. Mit einigen habe ich gesprochen, aber niemand weiß, woher er kommt – ja, die Stadt, die Eltern, gut, auch die Großeltern, obwohl das Gedächtnis nachlässt, aber von dem, was er sucht, das Geheimnis des Ursprungs, des Endes, weiß niemand etwas. Wir schließen auch Freundschaften, hin und wieder gibt es sogar einen Flirt oder auch etwas mehr, eine Liebelei, eine Liebe, aber bald weiß man auch hier nicht mehr, worin der Unterschied zwischen dem einen und dem anderen besteht, und es beginnt sofort das alte Lied von Unverständnis und Missverständnis. Bald weiß man nicht mehr, ob man einander liebt oder ob es nur Gewohnheit ist, und dann der ganze Rest: schlechte Laune, Sticheleien, Kränkungen, kurz, alles ist wieder wie zuvor.

Übrigens, warum sollten wir eigentlich mehr als die da draußen wissen, mehr als wir selbst, als wir da draußen waren? Und auch Sie, Herr Präsident, warum sollten wir Sie eigentlich gesehen haben? Wir vermuten, wie wir es immer vermutet haben, dass jemand den Laden hier schmeißt, aber wer das ist und wie er das macht … warum sollten wir das wissen? Die Leiden und Gebrechen, die uns in diese Korridore und dunklen Täler expediert haben, diese kleinen Herzattacken oder Gehirnschläge, das Gift einer Schlange oder eines Gashahns, tragen nicht dazu bei, dieses riesige Labyrinth des Vorher und Nachher, des Nie und des Immer zu verstehen, des Ich, des Du und des …

Wir sind auf der anderen Seite des Spiegels, die aber auch ein Spiegel ist, und wir sehen nur ein blasses Gesicht, ohne genau zu wissen, wem es gehört. Wenn sich einer das Bein bricht, verlangt er deswegen nicht, den Präsidenten zu sehen, und sich den Kopf zu zerbrechen hilft auch nicht mehr. Der Fluss fließt, das Blut fließt, ein Damm bricht, das Wasser läuft über und überschwemmt die Felder, der Schwimmer geht unter, schluckt Wasser, taucht wieder auf, schwimmt weiter, ohne etwas zu sehen, weder im gleißenden Mittagslicht noch im Dunkel der Nacht.

Soll ich ihm sagen, dass ich, obwohl ich hier drinnen bin, auch nicht mehr weiß als er? Meinen Dichter würde der Schlag treffen. Ich malte mir seine Klagen aus, er, ein erledigter Mensch, ein Dichter, dem man sein Thema geraubt hat; er würde glauben, dass diese ganze kosmische Verschwörung nichts als ein Manöver gegen ihn sei, um ihn kaltzustellen, zum Schweigen zu bringen. Wenn er den anderen sagte, dass es hier drinnen genauso ist wie draußen, würden sie ihn fertigmachen, vor allem seine schwärmerischen Bewunderinnen, die ihn als Meister verehren, und wenn er schwiege, käme er sich wie ein Feigling vor. Aber vor allem die Blamage! Bis hier herein-, bis hier herunterzukommen, um dann festzustellen, dass sich die ganze Mühe nicht gelohnt hat, dass es hinter der Tür überhaupt nichts Neues gab.

Schon sah ich ihn vor mir, gepeinigt, verstört, bestürzt, erbost, gekränkt, mit einer wahnsinnigen Wut auf mich, die ich ihm alles verdorben hatte. Und dann die gemeinsamen Tage und die Nächte, ich an seiner Seite und er, der mich scheel ansieht, mich, die Spielverderberin, die ihn von der Bühne gestoßen hat; und dann die Angst, dass ich es weitererzählen könnte, die Verlegenheit, sich mit mir zu zeigen, er, der wie ein Held aufbrach in die unbekannte Welt und zurückgekehrt ist mit eingezogenem Schwanz. Und wenn dann für ihn oder für mich die Stunde käme, wieder, und diesmal endgültig, in das Heim zurückzukehren, wie schrecklich die Wiederholung des nun auf Förmlichkeiten reduzierten Abschiednehmens. Mit einem Schlag fühlte ich mich müde, erschöpft; wieder von vorn anfangen, kochen, waschen, beischlafen, ins Theater gehen, jemanden zum Abendessen einladen, für die Blumen danken, reden, einander falsch- und missverstehen, alles wie immer, schlafen, aufstehen, sich wieder anziehen …

Nein, unmöglich, das würde ich nicht schaffen. Ich fühlte mich plötzlich so müde. Aber vielleicht konnte ich die Zähne zusammenbeißen, meine Müdigkeit hinunterschlucken und einfach weitermachen. Frauen können das, sie tun es fast immer, selbst wenn sie nicht mehr wissen, warum und für wen. Auch die Vorstellung, ihn wieder ständig um mich zu haben, hat mich nicht gerade … vor allem aber der Gedanke, schweigen, das Thema wechseln zu müssen, wenn er fragen würde, wissen wollte, er, so sensibel, so labil …

Das also ist der Grund, Herr Präsident. Nein, es stimmt nicht, wie behauptet wurde, dass er sich aus übergroßer Liebe umgedreht hat, weil er zu ungeduldig war, es nicht erwarten konnte, und damit eigentlich aus zuwenig Liebe. Und auch nicht, weil er, wenn ich mit ihm, zu ihm zurückkehren würde, nicht mehr diese ergreifenden, melodiösen Lieder singen könnte, die vom Schmerz über meinen Verlust und über jeden Verlust handeln, Lieder, die über die ganze Welt verbreitet wurden, zuerst von den Musikboxen und später von den CDs, Lieder, von allen geliebt, die sie jedoch nur weiterhin lieben würden, wenn er sie weiterhin sänge und neue dieser Art schaffte, vom Schmerz über mein Fernsein, dem Wind, der die Saiten seiner Leier bewegt, die ihn nur zum Dichter machte, wenn er ohne mich war, weil es ihn schmerzte, ohne mich zu sein.

Ich kenne dieses dumme Geschwätz. Nein, Herr Präsident, es war nicht dieser banale, würdelose Grund, weswegen er sich umgewandt und mich verloren hat. Das ist eine Verleumdung neidischer Kollegen, die ihn als einen egoistischen Narziss darstellen wollen, um ihm die Gunst des Publikums zu entziehen, womöglich sind es die gleichen, die auch die Gerüchte von den schönen Knaben in Umlauf gesetzt haben, mit denen er sich angeblich über meine Abwesenheit getröstet hat, was seine Verehrerinnen so wütend werden ließ, dass sie ihm vor Eifersucht am liebsten die Augen ausgekratzt hätten. Nein, Herr Präsident. Ich war es. Er wollte erfahren, und ich habe es ihm verwehrt. Gott allein weiß, was mich das gekostet hat. Ja, es stimmt, ich war müde, inzwischen war ich an das Heim und seinen Rhythmus gewöhnt, hatte es fast liebgewonnen. Trotzdem wäre ich sehr gerne für eine Weile hinausgegangen – nur für eine Weile, das wussten wir beide – hinaus in dieses Sommerlicht – wenigstens für einen Sommer, einen Sommer auf der kleinen Insel, auf der ich und er ... Auch allein, auch ohne ihn wäre ich glücklich gewesen, dort einen Spaziergang zu machen.

Aber ich hätte ihn zerstört, wenn ich mit ihm hinausgegangen wäre und auf seine unausweichlichen Fragen geantwortet hätte. Ich ihn zerstören? Lieber ließe ich mich von einer hundertmal giftigeren Schlange beißen als es diese banale Infektion war, viel lieber.

Sie werden also verstehen, Herr Präsident, warum ich, als wir schon nahe an den Türen waren, ihn mit lauter, fester Stimme gerufen habe, meiner Stimme von damals, als ich jung war, von der anderen Seite, und er – ich wusste, dass er nicht widerstehen würde –, er hat sich umgedreht, während ich mich nach hinten aufgesogen fühlte, leicht, immer leichter, eine Papierfigur im Wind, ein Schatten, der länger wird, sich zurückzieht und mit den anderen Schatten des Abends vermischt; und er sah mich an, versteinert, aber fest und sicher, und ich entschwand glücklich seinem Blick, denn schon sah ich ihn zwar schmerzerfüllt, aber stark ins Leben zurückkehren, ohne das Nichts zu kennen, noch fähig zur Heiterkeit, vielleicht sogar zum Glücklichsein. Tatsächlich schläft er jetzt ruhig zu Hause, in unserem Zuhause. Ein wenig müde, versteht sich, jedoch …

Claudio Magris
im Carl Hanser Verlag

Ein Nilpferd in Lund
Reisebilder
Aus dem Italienischen
von Karin Krieger
2009. 224 Seiten

»Reisebilder eines klugen Poeten auf Umwegen.«
Marion Lühe, *Tages-Anzeiger, Zürich*

»Magris erweist sich als melancholischer Realist, der nie ins Sentimentale und schon gar nicht ins Nostalgische verfällt.«
Sabine Berking, *Frankfurter Allgemeine Zeitung*

Blindlings
Roman
Aus dem Italienischen von
Ragni Maria Gschwend
2007. 416 Seiten

»Magris ist ein scharfer Beobachter und analytischer Geist, dem neben einem glasklaren Geschichtsbewusstsein die Gabe des Erzählens verliehen wurde. So wie die antiken Epen die größten Schrecken in Schönheit verwandelten, so macht auch Magris' gnadenlose Vision menschlichen Scheiterns auf wundersame Weise jede Last leicht und das Meer des Lebens schiffbar.« Kristina Maidt-Zinke, *Die Zeit*

Utopie und Entzauberung
Geschichten, Hoffnungen
und Illusionen der Moderne
Aus dem Italienischen von
Ragni Maria Gschwend, Karin Krieger u. a.
2002. 368 Seiten

»Eine Diagnose der Moderne, wie sie aktueller und treffender kaum sein könnte.«

Steffen Richter, *Neue Zürcher Zeitung*

»Ein Lesevergnügen ersten Ranges.«

Ralph Gambihler, *Dresdner Neueste Nachrichten*

Die Welt en gros und en détail
Aus dem Italienischen von
Ragni Maria Gschwend
1999. 340 Seiten

»... ein bißchen Autobiographie, dazwischen Heimatkunde, Geschichtsessay, Anekdotisches, durchsetzt mit lebensphilosophischen Bemerkungen ... Das Thema dieser *Welt en gros und en détail* ist keine programmatische Kulturkritik, sondern Durchdringung der Gegenwart in ihren Schichtungen, porös für die Zukunft wie das Gedächtnis.«

Elke Schmitter, *Die Zeit*